AF563436

EDICT DV ROY,

PORTANT EXEMPTION aux Euesques, leurs Grands Vicaires, Officiaux & autres Iuges Ecclesiastiques, de respondre aux assignations qui leur seront données sur les appellations comme d'abus interiettées de leurs iugemens.

Auec l'Arrest du Conseil d'Estat du 21. Auril 1660. rendu en consequence.

A PARIS,
Chez ANTOINE VITRE' Imprimeur ordinaire du Roy, & du Clergé de France.

M. DC. LX.
Auec Priuilege du Roy.

(2)

8

EDICT DV ROY,

PORTANT EXEMPTION aux Euesques, leurs Grands Vicaires, Officiaux & autres Iuges Ecclesiastiques, de respondre aux assignations qui leur seront données sur les appellations comme d'abus interiettées de leurs iugemens.

LOVIS PAR LA GRACE DE DIEV ROY DE FRANCE ET DE NAVARRE, A tous presens & aduenir: SALVT; Les Prelats & Clergé de cetuy nostre Royaume, nous ont tres humblement remonstré, que la licence des appellations comme d'abus est si grande, qu'ils ne peuuent en aucune façon faire leur charge, qu'incontinent qu'ils pensent visiter vne Paroisse, corriger les maluersations des Gens d'Eglise, ou ordonner quelque chose pour le restablissement de la Police Ecclesiastique, ils sont pris à partie, & leur fait-on tant de procez, qu'ils ne peuuent en supporter la dépence: que cela met vne impunité aux vices, fait que la Iustice Ecclesiastique n'a aucun pouuoir ny authorité, & qu'elle est à mespris aux mal-viuans, à cause que se voyans en main vn moyen de donner de la peine, & de la dépence à leurs Iuges, ils en mesprisent les remonstrances & les corrections, ce qui tourneroit à la ruïne de l'Eglise & de la Religion, s'il n'y estoit pourueu, & s'il ne nous plaisoit faire deffences d'intimer les Euesques, Officiaux, grands Vicaires & autres Iuges Ecclesiastiques en leur nom, & les prendre à partie, & quand mesme ils seroient intimez sur lesdites appellations comme d'abus, de les dispenser d'y respondre & de comparoistre, veu mesme que nos Iuges subalternes ne sont tenus de comparoistre, quoy qu'ils soient intimez és appellations interjettées de leurs Iugemens. NOVS de l'aduis de la Reine nostre tres-honorée Dame & Mere, & de nostre Conseil, & de nos grace speciale, pleine puissance & authorité royale, par cettuy nostre present Edict, Auons dit & ordonné, disons & ordonnons que les Euesques, Grands Vicaires, Officiaux & autres Iuges Ecclesiastiques, ne seront tenus d'oresnauant de comparoistre ou respondre aux assignations qui leur seront données, sur les appellations comme d'abus interjettées de leurs iugemens: & de ce nous les auons dispensez & dispensons par ces presentes; faisons deffences aux parties de les intimer, & à nos Iuges de les contraindre d'y respondre, & de constituer Procureur. Voulons toutefois qu'és procez où il n'y aura point de partie ciuile, les Promoteurs desdits Iuges

Ecclesiastiques puissent estre intimez, & soient tenus de respondre: & neantmoins faisons deffences à nosdites Cours de les condamner en l'amende ny aux despens, sinon en cas de calomnie. Si donnons en mandement à nos amez & feaux les Gens tenans nos Cours de Parlement, & tous autres nos Iuges, que ces presentes ils fassent registrer chacun en leur ressort, & du contenu en icelles joüir & vser pleinement & paisiblement lesdits Supplians selon leur forme & teneur: Car tel est nostre plaisir. En témoin dequoy nous auons fait mettre nostre scel à ces presentes. DONNE' a Fontainebleau au mois d'Octobre l'an de grace mil six cens vingt cinq, & de nostre regne le seiziesme.

Signé, LOVIS.

Et sur le reply, DE LOMENIE, à costé Visa, & scellé du grand sceau de cire verte, auec lacs de cire verte & rouge.

ARREST DV CONSEIL d'Estat, du 21. Auril 1660. confirmant l'Edit precedent.

Extraict des Registres du Conseil d'Estat.

SVR ce qui a esté representé au Roy estant en son Conseil, par Maistre Gabriel de la Brousse Prestre Docteur en Theologie, Chanoine en l'Eglise Cathedralle de Sarlat, Official & Vicaire general du sieur Euesque dudit lieu. Qu'en l'année 1656. la Superieure du Monastere de Sainte Claire dudit Sarlat accompagnée d'autres treize Religieuses, s'estans apperceuës que la closture dudit Monastere estoit violée, & qu'il s'y commettoit des crimes execrables, auroient toutes quatorze ensemble presenté Requeste audit sieur Euesque, lequel par son Ordonnance du quatriéme Nouembre audit an 1656. auroit ordonné que ledit de la Brousse son Official informeroit des crimes enoncez en ladite Requeste, & cependant inhibé à toutes sortes de personnes de rien attenter contre la closture dudit Conuent, ny connoistre des crimes enoncez soubs peine d'encourir excommunication, *ipso facto*, En consequence de laquelle Ordonnance ledit de la Brousse auroit procedé à l'information, & en suitte d'icelle, à

Requeste desdites Religieuses & du Promoteur, auroit fait ce que tout Iuge est en droit, & a accoustumé de faire en établissant la Iurisdiction, attendu qu'il estoit question de la violation de closture d'vn Monastere, dont la connoissance appartient à la Iurisdiction Episcopale priuatiuement à toute autre: ce faisant auroit reiteré les inhibitions & deffences faites auparauant par ledit Sieur Euesque, iusques à ce qu'autrement en seroit ordonné. De cette ordonnance pleine de iustice les Recollets Superieurs dudit Monastere & accusez desdits crimes, n'ayans osé se rendre appellans, firent releuer appel comme d'abus au Parlement, sous le nom de Marguerite de Saint Hierosme, & quelques autres Religieuses dudit Monastere, quoy qu'en effect elles n'y eussent interest ny preiudice aucun; & quoy que ledit Official n'eust ordonné que la mesme chose que ledit Sieur Euesque, dont il n'y auoit point d'appel. Sur cet appel comme d'abus lesdites Religieuses plaignantes & instigantes, ensemble le Promoteur, & ledit Official furent assignez: Lesdites Religieuses plaignantes, & ledit Promoteur ont comparu, mais non ledit de la Brousse, parce que par l'Edit du mois d'Octobre 1625. & par plusieurs Arrests du Conseil donnés en faueur des Euesques, leurs Officiaux, & Vicaires Generaux, il est inhibé de les prendre à partie sur les appellations comme d'abus de leurs Ordonnances, & en outre ils sont deschargez de toutes assignations, condamnations, despens &

amendes, saisies & contrainctes contre eux, pour raison de ce decernées, où pour parler aux termes de Monsieur Marca Archeuesque de Toulouse en son Liure de la Concorde, ou de Feuret, en son Liure de l'abus. *Cautum est ne se iudicio sistere cognantur, cùm lis de Iudicato abusu instituitur.* Cette appellation desdites Religieuses a esté sursise, sans aucune poursuite, pendant trois ans : mais il est arriué depuis que ledit Official ayant informé à la Requeste dudit Promoteur, contre vn Pere Ioseph Chastain Recollet, sur ce que preschant audit Monastere de Sainte Claire sur la matiere de l'impureté, il auoit auancé quelque proposition & Doctrine scandaleuse, qui auroit obligé ledit Official de decreter contre luy : ledit Religieux auroit eu recours à l'appel comme d'abus, remede General à tous les Eclesiastiques criminels, pareillement il seroit arriué que plusieurs Religieux de diuers Ordres, venus de nouueau dãs le Diocese de Sarlat s'ingeroient de cõfesser & prescher sans permission ny approbation: à raison dequoy ledit de la Brousse au requis dudit Promoteur, auroit enioint aux Superieurs de presenter les Religieux qu'ils entendoient exposer, & que iusques à ce ils demeureroient interdits de ces deux Ordonnances fondées sur le droict Diuin & Eclesiastique, lesdits Recollets seuls, entre tous les Religieux releuerent appel comme d'abus, y ioignant celuy desdites Religieuses, soubs le nom du Sieur Procureur General, & firent assigner ledit de la Brousse, lequel n'ayant voulu se deffendre pour les raisons susdites, fut condamné audit Parlement : mais ledit Sieur Euesque de Sarlat, & les Agents Generaux du Clergé de France s'estans pourueus au Conseil, lesdites assignations. & les Arrests qui s'en sont ensuiuis, ont esté cassez par deux Arrests du Conseil, l'vn du 16. Iuillet au rapport du Sieur Boucherat, l'autre du 24. Decembre 1658. au rapport du Sieur Roullié, inhibé audit Parlement de connoistre de telles matieres, l'appel comme d'abus conuerty en appel simple pardeuant le Iuge d'Eglise, & ledit Official deschargé des assignations, condamnations, saisies & contraintes, auec pleine main leuée : De sorte que lesdits Recollets se voyans par le moyen de ces Arrests duëment signifiez, éloignés de leurs iniustes pretentions, par vne action de malice, & de vengeance indigne de leur profession, ont permis que ledit Pere Ioseph Chastain soit allé à Bourdeaux éueiller cette premiere appellation comme d'abus desdites Religieuses, dont il n'auoit esté faict aucune poursuitte pendant trois années, & sur le premier & simple deffaut dudit de la Brousse Official, obtenu Arrest le 12. May dernier, par lequel pour l'vtilité dudit deffaut il est condamné en trente liures d'amende, & aux despens la taxe reseruée. C'est contre cét Arrest que tant ledit de la Brousse Official & Vicaire General susdit, que ledit Sieur Euesque & Agents Generaux du Clergé, ont grand interest de [illegible] pouruoir, & de faire voir que ledit Arrest dudit Parlement, & tout ce qui pourroit s'en estre ensuiuy, est nul, cassable & iniurieux au Conseil. Premierement, parce que le Roy par son Edict dudit mois d'Octobre 1625. a deffendu de prendre à partie les Euesques, leurs Vicaires Generaux & Officiaux, & de les faire assigner sur les apellations comme d'abus de leurs Ordonnances, & en cas qu'ils soient assignez, les descharge de toutes condamnations de despens & amendes. En deuxiéme lieu, par ce que le Conseil l'a ainsi iugé & ordonné en faueur dudit de la Brousse contre les mesmes Recollets, par ses deux Arrests des 16. Iuillet & 24. Decembre, qui deuoient seruir de loy & de regle, tant audit Parlement de Bourdeaux, qu'ausdits Recollets & Religieuses. Troisiémement, ledit Arrest est donné sur le premier & simple defaut, sans reassignation, ce qui est contre l'Ordonnance, & contre l'ordre iudiciaire du Royaume. En quatriéme lieu, ces Religieuses appellantes comme d'abus, ne sont authorisées d'aucun Scindic, & ainsi sont incapables de cettte poursuite, & ne meritent d'estre oüyes. Cinquiémement, ces appellations comme d'abus doiuent esté releuées au grand sçeau, suiuant l'Edit du defunct Roy de l'année 1610. ce qui n'a esté obserué par lesdites Religieuses, quoy qu'il y allast de la iurisdiction Episcopale, de la violation de la closture d'vn Monastere, & de crimes execrables. En sixiéme lieu, le Promoteur & les quatorze Religieuses plaignantes estoient parties assignées, & soustenoient l'Ordonnance dud. Official, lequel par ainsi deuoit estre mis hors l'instance; cependant il n'en est fait aucune mention par ledit Arrest, non pas mesme qu'il y ayt eu Procureur ny Aduocat pour eux. En septiéme lieu, les Requestes des Religieuses plaignantes, au pied desquelles sont les Ordonnances du Sieur Euesque & de sondit Official, sont signées de sœur Françoise de Saincte Claire, sœur Gabrielle de Sainte Marie, & ainsi des autres, toutes ayant souscript par leurs noms de Religion: & neantmoiens dans les qualitez de l'Arrest, il n'est parlé que de sœur Françoise de Leygue & de sœur Gabrielle de Brousse, qui sont les noms des Familles dont elles sont sorties, lesquels elles ont quitté auec le monde, en telle sorte que le Parlement de Bourdeaux ne pouuoit deuiner cela, & faut que ce soit vn Recollet qui ait dicté ledit Arrest, sans auoir fait reflexion à sa méprise. Finallement ledit Official n'ayant ordonné que la mesme chose que ledit Sieur Euesque auoit auparauant ordonné, dont il n'y auoit point d'appel, & l'vne & l'autre Ordonnance estant de Iustice & dans l'ordre; quel crime a commis ledit Official qui merite la condamnation aux despens & en l'amende. Au contraire ledit Parlement a veu qu'il estoit question de crimes execrables, & de la violation de la closture d'vn Monastere: Il a veu que les Recollets en sont accusez: Il a veu que le Sieur Euesque & son Official en ont pris connoissance, comme leur apartenant par les Saints Canons & Ordonnances Royaux: il a veu la iuste raison qu'il y auoit à l'imitation de Dauid, de mettre ces Teruites hors de la passion de cette Famille sousleuée contre elles, & de tirer ces chastes Susannes hors du mauuais traictement que leurs parties peuuent exercer sur elles, *Innocentes opprimendo & dimittendo noxios*, ainsi que Daniel reprochoit aux viellards ; & neantmoins au lieu de les mettre en asseurance pendant le proces, & sous la protection du Roy, ou les commettre à l'Ordinaire; tout au contraire ledit Parlement les a abandonnées à la mercy de leurs parties, de mesme que fit le Roy Assuere les Iuifs de son Royaume à la mercy & discretion d'Aman, & sans doute il en arriueroit du desordre s'il n'y estoit pourueu par la prudence ordinaire du Conseil. Requeroit à ces causes ledit de la Brousse Official & Vicaire General susdit, qu'il pleust à sa Maiesté conformement à l'Edit de ladite année 1625. & aux Arrests du Conseil, particulierement à ceux des 16. Iuillet & 24. Decembre donnés en faueur dudit de la Brousse contre lesdits Recollets, casser & annuller ledit Arrest dudit Parlement de Bourdeaux dudit iour 12. May dernier, ensemble tout ce qui s'en est ensuiuy : & ce faisant le descharger de l'assignation a luy donnée sur l'appel comme d'abus, releué par lesdites Religieuses ou sous leur nom, des Ordonnances dudit Official, ensemble de toutes condamnations, amandes & despens, taxez ou à taxer, saisies & contraintes faites où à faire sur luy, auec plaine main-leuée, & contrainte contre tous detempteurs ou depositaires; auec inhibitions audit Parlement, comme autresfois de receuoir de pareilles assignations sur appel comme d'abus des Ordonnances des Sieurs Euesques, leurs Officiaux, ou grands Vicaires, principalement y ayant partie instigante, où le Promoteur en cause: & de prendre connoissance de la violation de closture des Monasteres au preiudice de la iurisdiction Episcopale, & de ce qui est pendant pardeuant ledit Official; & pour mesme raison faire inhibitions & deffences ausdits Recollets d'exercer aucune iurisdiction sur lesdites Religieuses instigantes, iusques à ce qu'autrement en soit ordonné, les mettant cependant sous la protection & sauuegarde de sa Maiesté, & soubs la direction dudit Sieur Euesque. VEV LADITE REQVESTE signée de Croisy Aduocat au Conseil; l'Arrest du Parlement de Bourdeaux du 12. May dernier sur le deffaut dudit de la Brousse Official, pour l'vtilité duquel il est condamné en l'amende, moderée à 30. liures, & aux despens, la taxe reseruée. La Requeste presentée audit Sieur Euesque de Sarlat par quatorze Religieuses, auec l'appointement au pied du 4. Nouembre 1656. par lequel ledit Sieur Euesque ordonne que ledit de la Brousse informera des crimes en ladite Requeste, & cependant inhibé à toutes sortes de personnes de rien attenter contre la closture dudit Counent, ny de connoistre desdits crimes sur peine d'excommunication qu'ils encourront, *ipso facto*. Autre Requeste desdites Religieuses presentée audit de la Brousse Official du 16. Feurier 1657. auec son appointement au pied, par lequel il est inhibé au Pere Bonauenture, Prouincial, & tous autres Recollets, de faire aucun acte de iurisdiction dans ledit Monastere, ny rien attempter au preiudice de ce qui est pendant deuant ledit Official, & ausdites Religieuses de leur obeïr en ce point, iusques à ce qu'autrement en soit ordonné, auec la signification au pied. Autre Requeste presentée audit Parlement par les mesmes Religieuses, aux fins qu'il fut inhibé au Prouincial desdits Recollets de faire visite, ny prendre connoissance & iurisdiction dans ledit Monastere iusques à ce qu'autrement en soit ordonné, auec la responce du Sieur Procureur General au bas. Edict du deffunt Roy du mois d'Octobre 1625. par lequel sa Maiesté veut que les Euesques, leurs Vicaires Generaux & Officiaux ne soient tenus de comparoistre ou respondre aux assignations qui leur seront données sur appellations comme d'abus de leurs iugemens, auec deffences de les condamner en amendes ny despens. Relief d'appel comme d'abus au nom du Sieur Procureur General dudit Parlement de Bourdeaux du 4. Decembre 1657. faisant pour les Recollets du Diocese de Sarlat, de l'Ordonnance dudit Official dans lequel il est fait mention de l'appel comme d'abus desdites Religieuses. Arrest du Conseil du 16. Iuillet 1658. donné sur la Requeste dudit Sieur Euesque de Sarlat & Agens Generaux du Clergé de France, par lequel l'Arrest dudit Parlement de Bourdeaux du 26. May audit an est cassé, & ledit de la Brousse descargé de l'assignation à luy donnée, & de toutes condamnations, saiſies, & contraintes contre luy faites. Autre Arreſt du Conſeil du 24. Decembre audit an, par lequel eſt ordonné que le precedent ſera executé, & ledit de la Brouſſe pareillement deſchargé de toutes aſſignations, condamnations & contraintes contre luy faites auec plaine & entiere main-leuée, auec la Commiſſion & Exploit de ſignification. OVY le rapport du Sieur de Caumartin Conſeiller du Roy en ſes Conſeils, & Maiſtre des Requeſtes ordinaire de ſon Hoſtel, qui en a communiqué aux ſieurs d'Ormeſſon, de Morangis, & Eueſque de Sées Commiſſaires à ce commis, & tout conſideré. LE ROY ESTANT EN SON CONSEIL conformemẽt aux Arreſts du Conſeil des 16. Iuillet & 24. Decembre 1658. ſans s'arreſter à l'Arreſt du Parlement de Bourdeaux du 12. May dernier & autres, qui pourroient auoir eſté donnés en conſequence que ſa Majeſté a caſſez & annullez. A DESCHARGE & deſcharge ledit de la Brouſſe des condamnations interuenuës par iceluy, enſemble de toutes aſſignations & contraintes : meſme luy a fait & fait plaine & entiere main-leuée des choſes ſur luy ſaiſies, qui luy ſeront renduës & reſtituées, à ce faire les debiteurs & gardiens contraints par corps comme depoſitaires, quoy faiſant deſchargez; ſauf auſdites Religieuſes de ſe pouruoir par appel ſimple pardeuant le Iuge d'Egliſe. A fait & fait ſa Maieſté tres-expreſſes inhibitions & deffences de plus intimer ledit Official ſur ſemblables matieres que celle dont eſt queſtion, à peine de mille liures d'amende.

FAIT au Conseil d'Estat du Roy sa Maiesté y estant, tenu à Toulouse le 21. iour d'Auril 1660. signé, DE LOMENIE.

LOVIS par la grace de Dieu Roy de France & de Nauarre, Au premier nostre Huißier ou Sergent sur ce requis. Te mandons & commandons, que l'Arrest cy attaché soubs le contre-scel de nostre Chancellerie, ce iourd'huy donné en nostre Conseil d'Estat, & en nostre presence, sur ce qui nous a esté representé en iceluy par nostre cher & bien amé Gabriel de la Brousse, Prestre Docteur en Theologie, Chanoine en l'Eglise Cathedralle de Sarlat Official & Vicaire General du Sieur Euesque dudit lieu. Tu signifies aux Religieuses du Monastere de Sainte Claire dudit Sarlat, & autres qu'il appartiendra, à ce qu'ils n'en pretendent cause d'ignorance, leur faisant de par nous les inhibitions & deffences y contenues sur les peines y declarées. Et pour l'entiere execution dudit Arrest & de la main-leuée y mentionnée, les contraintes y portées & autres actes & exploits necessaires, sans pour ce demander autre permißion ny paredtis: Car tel est nostre plaisir. Donné à Toulouse le 21. iour d'Auril l'an de grace 1660. Et de nostre regne le 17. Signé LOVIS Et plus bas par le Roy, de LOMENIE, & scellé du grand sceau.

Collationné aux Originaux par moy Conseiller Secretaire du Roy, & de ses Finances.

BIBLIOTHEQUE IMPERIALE IMPR.

www.ingramcontent.com/pod-product-compliance
Lightning Source LLC
LaVergne TN
LVHW010345230826
846091LV00009B/4043